*Pour qui d'autre que toi - H. W.*
*Pour Nina… - A. S.*

Texte adapté de l'allemand par Isabel Finkenstaedt
ISBN 978-2-211-09113-8
Première édition dans la collection *lutin poche* : mai 2008
© 2008, l'école des loisirs, Paris, pour l'édition dans la collection *lutin poche*
© 2005, Kaléidoscope, pour l'édition en langue française
© 2005, Carl Hanser Verlag München Wien
Titre de l'ouvrage original : DAS SCHAF CHARLOTTE
Éditeur original : Carl Hanser Verlag
Loi numéro 49 956 du 16 juillet 1949 sur les publications
destinées à la jeunesse : septembre 2005
Dépôt légal: septembre 2011
Imprimé en France par CPI Aubin Imprimeur à Ligugé

# Une petite brebis pas comme les autres

*Texte d'* Anu Stohner
*Illustrations de* Henrike Wilson

Kaléidoscope
lutin poche de l'école des loisirs
11, rue de Sèvres, Paris 6e

Personne ne savait pourquoi mais Charlotte ne ressemblait
à aucun des agneaux de son âge.
Tandis qu'ils restaient sagement aux côtés de leur maman…

... elle bondissait de colline en colline comme un cabri,

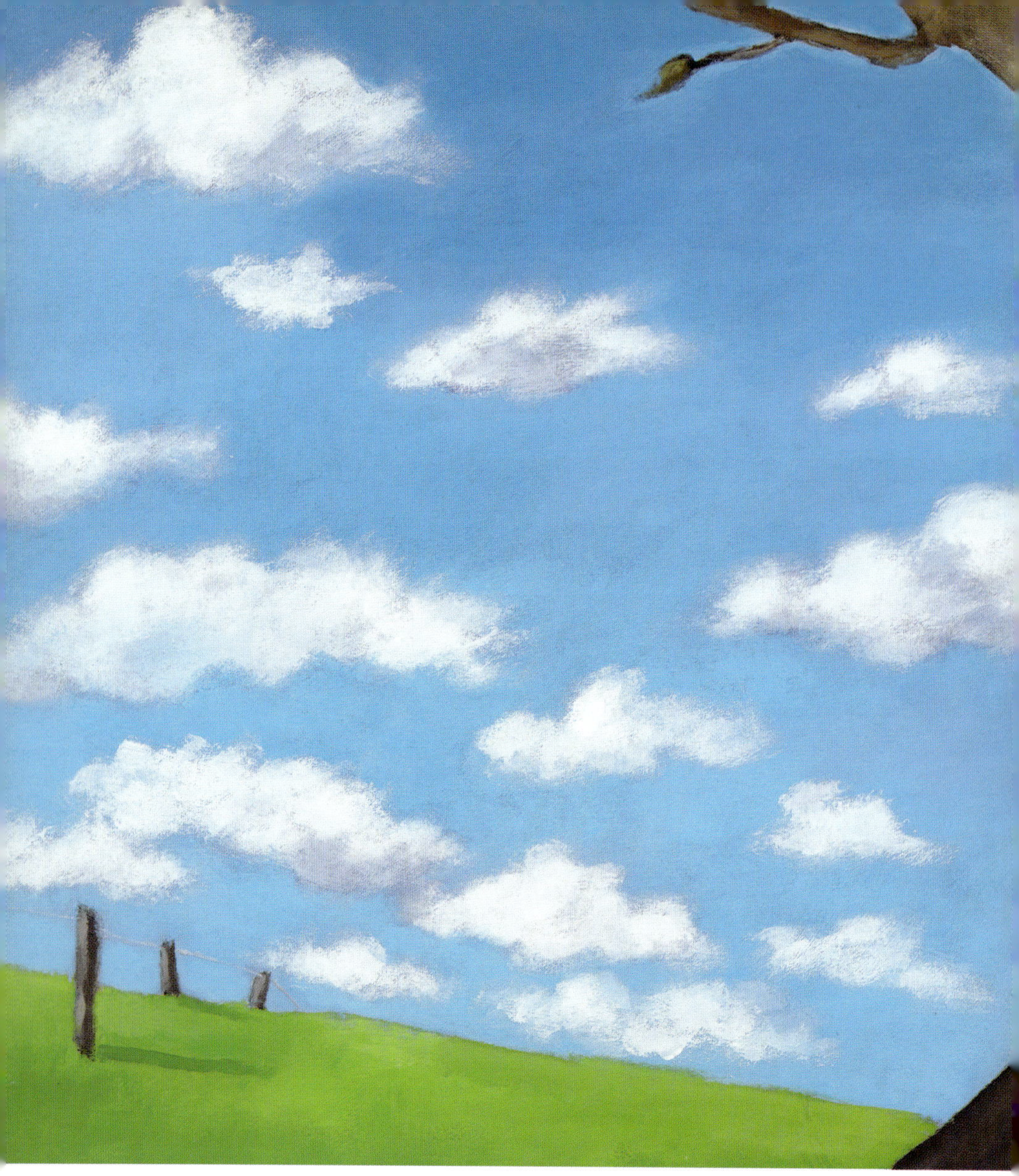

grimpait aux arbres comme un singe,

nageait dans le torrent comme un poisson.

Tout le village connaissait cette petite brebis intrépide.
Le troupeau, lui, tremblait à chaque nouvel exploit.

La fois où Charlotte s'essaya à l'escalade,
tous les moutons furent pris de vertige rien qu'à la regarder.

« Ça va mal finir », affirmèrent les plus vieux.

Quand Charlotte fut retrouvée aux abords de la grande route à observer les voitures qui passaient, ses aînés en restèrent pétrifiés d'effroi.

« Ça va mal finir », répétèrent les plus vieux.

Et qu'auraient-ils dit s'ils avaient su que, la nuit, Charlotte s'éclipsait pendant qu'ils dormaient pour aller contempler la lune depuis son endroit préféré ?

Même Charlie, le vieux chien du berger, n'avait rien remarqué.
(Il est vrai qu'il n'avait plus l'oreille aussi fine.)

Un jour d'automne, alors que le troupeau paissait dans les collines, le berger fit une mauvaise chute et se cassa la jambe. Il ne pouvait plus bouger. La nuit commençait à tomber.

« Charlie ! » ordonna le berger d'une voix faible.
« Va chercher mon frère à la ferme, j'ai besoin d'aide ! »
Mais le chien refusa de quitter son maître.

« Je vais y aller », annonça Charlotte au troupeau.
« Pas question », s'écrièrent les anciens d'une même voix.
« Une petite brebis ne court pas les sentiers, seule, la nuit ! »

« Ça va mal… »
Mais Charlotte était déjà loin, au pied du grand chêne, et repérait son chemin.

Elle bondit de colline en colline,

**travers**a le torrent,

franchit le col,

dévala le sentier qui menait à la vallée…

Il faisait nuit noire quand elle atteignit enfin la grande route.
Postée sur le bas-côté, elle attendit qu'une camionnette finisse
par s'arrêter.

« Je te reconnais, petite brebis intrépide ! Encore à vagabonder par monts et par vaux. »

« Allez, grimpe, tu risques de te faire écraser.

Je te ramène à la ferme. »

Le fermier dormait quand Charlotte tapota à la fenêtre. « Chéri ! » s'exclama sa femme. « Réveille-toi ! Regarde ! C'est la petite brebis intrépide ! »

« Seule si loin du troupeau ?! C'est étonnant.
Faut que j'y aille, il doit y avoir un problème là-haut. »

Pour une fois, les vieux moutons du troupeau ne trouvèrent rien à dire.

Tout s'était bien fini ! Et le berger avait bel et bien été secouru grâce à leur petite brebis…

… pas comme les autres.